VIE
DE SAINT AIGNAN

ÉVÊQUE D'ORLÉANS

Par l'abbé Ch. DUHAN

Curé de Saint-Aignan (Ardennes).

CHARLEVILLE
TYPOGRAPHIE ET LITHOGRAPHIE A. POUILLARD.
1876

VIE
DE SAINT AIGNAN

ÉVÊQUE D'ORLÉANS

VIE

DE SAINT AIGNAN

ÉVÈQUE D'ORLÉANS

Par l'abbé Ch. DUHAN

Curé de Saint-Aignan (Ardennes).

CHARLEVILLE
TYPOGRAPHIE ET LITHOGRAPHIE A. POUILLARD
1876

Imprimé avec permission
de Monseigneur l'Archevêque de Reims.

Parmi les nombreuses paroisses qui, en France, se glorifient d'avoir pour patron saint Aignan, les pélerins connaissent le village de ce nom, *Saint-Aignan,* dans les Ardennes. Ce village, situé à 11 kilomètres au sud-ouest de Sedan, est en effet placé depuis longtemps sous la protection de l'illustre évêque d'Orléans.

Les archives que nous avons pu consulter attestent et l'ancienneté reculée du village, et le nom de Saint-Aignan qu'il a porté dès l'origine. C'est ainsi que nous y avons lu qu'au mois de septembre 1235 Mahault, dame de Vervins, fait hommage, à l'archevêque de Reims, de Saint-Aignan (Saint-Ainguien), Chémery et plusieurs autres localités.

Le village est désigné, selon la succession des temps et les changements dans l'orthographe, sous les noms de *Sanctus Anianus*, *Sanctus Angnyanus*, *Saint-Ainguien*, *Saint-Aignien*, *Saint-Aignan*. Au temps des troubles de 1789, le village a porté quelque temps le nom de *Mont-Aignan*.

Sans qu'il lui soit nécessaire de faire des recherches dans des écrits anciens, l'archéologue reconnaît à la tour massive de l'église, percée de meurtrières, un monument du XIe ou du XIIe siècle.

C'est donc à une époque très-reculée qu'il faut faire remonter l'origine du village de Saint-Aignan, et peut-être du pèlerinage établi en ce lieu. Une tradition orale attesterait que saint Aignan, évêque d'Orléans, aurait honoré le village de sa visite. Nous donnons cette tradition telle qu'elle nous a été confiée. Car si le saint évêque d'Orléans, allant implorer le secours d'Aétius contre Attila, passa par Vienne, comme nous le dirons, il paraît peu probable, en raison de l'inutilité, qu'il ait prolongé son voyage en passant par le nord-est de la Gaule. Et nous n'avons pas vu que saint Aignan ait fait en Gaule d'autres grands voyages.

Le village de Saint-Aignan est agréablement situé sur le penchant d'une colline à l'aspect du midi. Il offre un paysage assez charmant aux voyageurs qui viennent du côté de Connage par la route de Vouziers, ou de Sapogne et de Cheveuges en entrant par le pont sur la Bar. C'est d'abord la Bar qui l'entoure dans un long circuit aux sinuosités nombreuses et capricieuses, pour en faire l'extrémité d'une longue presqu'île. Un pont léger, jeté sur ce cours d'eau, donne par le sud entrée au village bâti en amphithéâtre. D'un côté, sur la droite, au haut de la colline, un bosquet gracieux semble être placé là pour indiquer de loin Saint-Aignan aux pélerins impatients d'arriver; tandis que de l'autre côté, sur la gauche, l'antique église aux formes graves, dominant tout le village, est comme le témoin permanent de la religion et de la foi des générations de neuf siècles qu'elle a vus. Tel est le village placé sous la protection tant de fois séculaire du glorieux évêque d'Orléans.

Les habitants de Saint-Aignan, comprenant toute la noblesse de l'héritage que des siècles chrétiens leur ont transmis, professent une très-grande vénération envers leur saint patron. Malheur à l'étranger mal appris qui viendrait ici colporter les idées que l'esprit révolutionnaire lui aurait suggérées contre les saints, contre la religion : il apprendrait par expérience qu'un peuple croyant est un peuple noble et courageux, et qu'il convient de respecter ce qu'il respecte.

Saint Aignan est invoqué dans les temps de calamité publique, surtout dans la ville et dans le diocèse d'Orléans. Mais dans notre humble église, honorée des reliques du saint évêque, une foi ardente amène de toutes parts, de temps immémorial, de nombreux pélerins qui viennent implorer notre saint patron pour la guérison des maladies de la peau. Ces maladies attaquent principalement les jeunes enfants. Il n'est pas de jour où l'on n'ait à constater des guérisons miraculeuses. Dans leur reconnaissance, les pieux pélerins reviennent plusieurs fois encore dans le courant de l'année remercier saint Aignan de la guérison qu'il leur a accordée.

Comme dans presque tous les lieux de pélerinage, le village de Saint-Aignan possède une fontaine très-remarquable, dont il ne serait pas facile d'indiquer l'origine miraculeuse. Cette fontaine, dite *de Saint-Aignan,* est située dans la partie basse du village, de l'autre côté de la Bar. Les pélerins doivent aller y puiser de l'eau, ou laver leurs membres malades pour accomplir entièrement le pélerinage.

Nous attendons de la piété des pélerins les aumônes qui nous permettront et d'orner l'église et l'autel du saint, et d'entourer la fontaine d'un monument décent et convenable.

Les pèlerins nous demandaient depuis longtemps une *Vie de saint Aignan*. Nous avons essayé de satisfaire leurs pieux désirs en leur livrant ce petit ouvrage. Pour écrire ces quelques pages sur la vie du saint évêque d'Orléans, nous avons pu consulter avec avantage les ouvrages de M. l'abbé Cauvard, curé d'Ahuy-lez-Dijon, de M. l'abbé de Torquat, du diocèse d'Orléans, et aussi la notice faite autrefois par M. l'abbé Froissard, ancien curé de Saint-Aignan. Puisse saint Aignan avoir béni notre intention et inspirer à nos lecteurs l'amour ardent envers une religion qui est la seule bienfaitrice de l'humanité.

VIE
DE SAINT AIGNAN

ÉVÊQUE D'ORLÉANS

CHAPITRE Ier.

Origine de la famille de saint Aignan. — Elle vient de la Pannonie dans les Gaules. — Saint Léonien, frère aîné de saint Aignan.

Vers le milieu du IVe siècle, une famille aussi illustre par sa piété que par son origine, habitait la ville de Sabbarie, dans l'ancienne Pannonie supérieure, la Hongrie actuelle. L'unique enfant de cette famille, Léonien, venait d'être fait prisonnier par les barbares qui ravageaient alors sans cesse l'Occident, et avait été emmené par eux dans les Gaules.

Ses parents, dans l'espérance de le retrouver et de le faire sortir de l'esclavage, quittèrent Sabbarie et vinrent s'établir dans les Gaules, sans y choisir de domicile fixe. Ils eurent en effet la consolation de retrouver leur fils à Autun, le rachetèrent, et demeurèrent quelque temps avec lui dans cette ville.

Le jeune Léonien, ou plutôt saint Léonien, puisque l'Eglise lui a accordé les honneurs de la canonisation, rendu à la liberté, se consacra à Dieu et mena une vie tout angélique.

Les parents de saint Léonien, charmés de la douceur du climat de la Gaule méridionale, songèrent à se fixer définitivement dans ces régions. Ce qui les engagea encore dans cette résolution, ce fut le besoin d'une existence paisible, à l'abri des guerres sanglantes dont la Pannonie était continuellement le théâtre. Mais Dieu, qui dirige à sa volonté les desseins des hommes, avait des vues inconnues aux pieux parents de saint Léonien. Il voulait, par la naissance d'un second fils dans cette famille, donner à notre Patrie un puissant protecteur, un véritable père du peuple, en même temps qu'à l'Eglise de France l'exemple d'un pasteur orné de toutes les vertus.

Quelque temps après que saint Léonien eût recouvré la liberté, ses parents vinrent s'établir à Vienne. Léonien continua dans cette ville à suivre son attrait pour la vie religieuse. Il se construisit une cellule, où ses exhortations et ses exemples attirèrent bientôt un grand nombre d'habitants de la ville. En peu de temps sa solitude se peupla et devint un nombreux monastère qu'il plaça sous l'invocation de saint Pierre, et qu'il gouverna avec une sagesse admirable pendant quarante ans, jusqu'au jour de sa mort qui arriva le 13 novembre de l'an 400.

Les faits que nous venons de rapporter si brièvement nous sont connus par une inscription qu'on peut lire encore aujourd'hui sur le tombeau de saint Léonien, dans l'église Saint-Maurice, à Vienne. (L'abbé Cauvard, d'après le P. Sirmond, *Avitu Viennensi*, 113, a.)

CHAPITRE II.

Naissance de saint Aignan. — Sa sainteté précoce.

Les parents de saint Léonien étaient deux justes qui marchaient dans les voies du Seigneur. Nous n'en pouvons douter en les voyant faire le sacrifice de leur fils et l'offrir à Dieu dans la vie monastique. Pour retrouver leur fils, ils avaient quitté leur patrie, ils avaient tout sacrifié. Mais voilà que Dieu réclame pour lui celui qu'ils étaient venus chercher si loin; à l'instant les pieux parents comprennent que Dieu seul est le maître, et que, pour être du nombre des véritables disciples de Jésus-Christ, il faut savoir renoncer pour lui à tout ce que l'on a de plus cher.

Leur piété fut bientôt récompensée par la naissance d'un second fils (en 358), à qui ils donnèrent le nom d'ANIANUS, nom que l'on traduit généralement par Aignan. C'est notre saint Aignan, dont nous rapportons l'histoire abrégée.

Saint Aignan naquit à Vienne, capitale de

l'ancien Dauphiné, et aujourd'hui sous-préfecture du département de l'Isère. Quoique sa famille ait habité Sabbarie, il appartient donc à la France par sa naissance, aussi bien que par tous les actes de sa vie.

L'enfance de saint Aignan, comme celle de son frère aîné saint Léonien, fut entourée de tous les éléments de la sainteté. Dieu voulait que celui à qui il destinait dès ici-bas la gloire et la renommée des vertus, grandît sous les heureuses influences de la religion. Au foyer domestique, Aignan n'eut sous les yeux que des exemples parfaits. Son père et sa mère, ne comptant pour rien la noblesse du rang et l'éclat de la fortune, ne voyaient pas de plus bel héritage pour leurs fils que celui de la vertu. Aussi s'étudiaient-ils chaque jour à montrer à Aignan, le fils qui restait auprès d'eux, qu'il n'avait reçu la vie que pour l'employer à servir Dieu. L'exemple de saint Léonien, qui menait une vie si édifiante dans son monastère, était aussi pour Aignan un puissant attrait pour la perfection chrétienne. De si beaux modèles de sainteté firent de bonne heure sur le jeune Aignan une impression profonde, et il comprit que tout sur la terr n'est que vanité et affliction d'esprit, hor aimer Dieu et le servir.

CHAPITRE III.

Saint Aignan se retire dans la solitude. — Sa piété, ses mortifications, sa charité.

L'exemple de saint Léonien, comme nous venons de le dire, était pour Aignan un moyen dont Dieu se servait pour appeler notre jeune saint à la plus haute perfection. Aignan ne fut pas sourd à la voix du ciel. Comme son frère il comprit le sens de ces paroles de l'Evangile : « Si quelqu'un vient à moi, et ne hait pas son père et sa mère, sa femme et ses enfants, ses frères et ses sœurs, et même sa propre vie, il ne peut être mon disciple. » (S. Luc, XIV, 26.)

Fort de cette inspiration de l'Esprit-Saint, et animé du désir d'être tout à Dieu par les joies du sacrifice et les gloires de la virginité, Aignan, ayant à peine atteint l'âge de quinze ans, abandonne le monde pour se retirer dans la solitude.

Dans les environs de la ville de Vienne était un lieu appelé Viel-Castel. Comme ce nom l'indique, là sans doute s'élevait autrefois le château-fort, demeure redoutée de quelque terrible chef de Gaulois. Mais les aigles romaines avaient parcouru le pays, volant de château en château, et Viel-Castel n'était plus qu'une ruine. C'est dans ce lieu désert que le jeune Aignan se construisit une cellule, et que se livrant à son ardeur pour toutes sortes de bonnes œuvres il se prépara, sans le savoir, à la grande mission que le Ciel lui destinait.

La prière, la méditation, la lecture des livres saints partageaient tout son temps. Dégagé de toute préoccupation terrestre, il s'unissait chaque jour plus étroitement à Dieu et cherchait dans la mortification à faire disparaître peu à peu le vieil homme dont parle saint Paul, pour se revêtir de l'homme nouveau régénéré par Jésus-Christ (Ephés., IV, 22, 24). Avec le grand apôtre, il se souvenait qu'il faut châtier son corps et le réduire en servitude (I. ad Corinth. IX, 27); et, avec Jésus-Christ, il savait qu'il faut souffrir pour entrer dans le royaume des cieux. (Luc XXIV, 26.) Il n'hésita donc pas devant les austérités de la pénitence, et bientôt la rigueur des veilles et du jeûne l'éleva à une haute perfection.

La méditation de l'Evangile apprenait à notre jeune solitaire que, pour aimer véritablement

Dieu, il faut aussi aimer son prochain comme soi-même. C'est pourquoi, les jours donnés au travail de sa propre perfection furent remplis par des œuvres de charité. Il savait tirer de sa pauvreté des économies qu'il distribuait sous la forme d'aumônes aux nécessiteux ; et ne voulant pas garder pour lui seul les dons spirituels qu'il recevait dans l'oraison, il les distribuait avec ses instructions et ses conseils à ceux que l'éclat de ses vertus attirait en foule auprès de sa solitude.

CHAPITRE IV.

Saint Aignan quitte sa solitude pour aller se mettre sous la direction de saint Euverte, évêque d'Orléans.

« On n'allume point une lampe pour la mettre sous le boisseau, dit l'Ecriture sainte (Matth. V, 15), mais on la met sur le chandelier afin qu'elle éclaire tous ceux qui sont dans la maison. » Il ne fallait donc pas qu'Aignan, éclairé des dons du Saint-Esprit, restât plus longtemps caché aux yeux de ceux qui sont dans la grande demeure de l'Eglise catholique. « Car, ajoute Jésus-Christ (Matth. V, 16), il faut que votre lumière brille devant les hommes afin que, voyant vos bonnes œuvres, ils glorifient votre Père qui est dans le Ciel. »

La Providence divine ménagea les circonstances qui devaient bientôt produire Aignan au grand jour.

L'Église d'Orléans avait alors pour premier pasteur saint Euverte, qui avait été élevé miraculeusement sur le siége épiscopal l'année même de la naissance de saint Aignan, en 358. Cette coïncidence remarquable montre avec quelle sollicitude la Providence veille sur toutes les parties de l'Église fondée par Jésus-Christ. En donnant à l'Église d'Orléans un saint patron tel qu'était Euverte, Dieu se choisissait déjà, dès la même année, par la naissance d'Aignan, un saint pour succéder à un saint. Et le soin de la Providence divine ira jusqu'à conserver Euverte sur le siége épiscopal dans un âge très-avancé, afin qu'au jour de la mort du saint pontife, le nouvel élu du Seigneur soit en âge de lui succéder.

Saint Euverte remplissait la Gaule du bruit de son nom. Au loin les fidèles de Jésus-Christ apprenaient avec joie la sainteté de la vie de l'évêque d'Orléans, et les nombreux prodiges qu'il obtenait du ciel en faveur de son troupeau. Du fond de sa solitude, Aignan apprend aussi ces merveilles. A l'instant il se sent embrasé d'une ardeur plus grande pour la perfection; et, comprenant dans son humilité que sous la conduite d'un aussi saint évêque, il ne pourra que s'avancer chaque jour davantage dans le progrès des vertus, il s'arrache à sa chère solitude et se dirige vers Orléans. Destiné, comme un autre Moïse, à conduire un jour un grand peuple et lui montrer le chemin de la véritable terre promise, il dut se dire, comme le saint patriarche : « Il faut que j'aille reconnaître quelle est cette lumière merveilleuse. » (Exode, III, 3.)

Il y avait cinq ans qu'Aignan vivait dans sa retraite de Viel-Castel. Il avait donc vingt ans (378) lorsqu'il entendit intérieurement la voix qui ordonnait autrefois à Abraham (Genèse, XII, 1, 2) de quitter sa patrie pour aller dans le pays où Dieu le rendrait père d'un peuple innombrable.

Le saint évêque Euverte, parvenu à sa quatre-vingt-cinquième année, reçut avec joie le disciple que le ciel lui envoyait. C'est ainsi que dans les siècles de ferveur on voyait les hommes éminents du Christianisme, les saints évêques, les saints docteurs, les souverains pontifes eux-mêmes, s'entourer de disciples qui venaient étudier près d'eux la science du salut. C'est encore ainsi qu'aujourd'hui l'Eglise catholique, dont l'esprit ne change pas, parce que son esprit c'est l'Esprit de Dieu, réunit dans les villes épiscopales, sous le nom de grands séminaires, les jeunes gens que Dieu appelle à la charge redoutable du sacerdoce, afin qu'ils puissent à la fois recevoir des évêques la science sacrée et l'habitude des vertus.

1..

CHAPITRE V.

Saint Aignan est élevé au Sacerdoce. — Il devient abbé de Saint-Laurent.

Le saint évêque d'Orléans jugea bientôt de tout le mérite de son nouveau disciple. Il reconnut dans son âme ardente et pure toutes les dispositions pour recevoir les dons de science et de piété. Aussi s'appliqua-t-il à préparer pour l'Eglise celui qui venait à lui avec des marques si évidentes de vocation divine. De son côté, le disciple s'abandonna entièrement entre les mains du maître dont il s'était fait un modèle.

Des rapports intimes et constants permirent bientôt à la sagesse du vieillard de juger son disciple digne des honneurs du Sacerdoce. Aignan possédait toutes les qualités dont Dieu aime à orner l'âme de ceux qu'il appelle aux dignités de l'Eglise. L'humilité la plus profonde, la docilité la plus parfaite, la charité la plus vraie, la douceur la plus inaltérable, l'intégrité des mœurs, l'esprit d'oraison, l'abnégation et une vie pénitente, l'assemblage de toutes ces vertus si difficiles à acquérir formait comme un diadème éblouissant sur le front du jeune saint, et le faisait apparaître aux yeux de tous le plus digne de l'affection de l'évêque d'Orléans. C'était un autre Samuel, consacré à Dieu dès son enfance, et se montrant par tout l'ensemble de sa conduite et la pratique des plus héroïques vertus comme le plus propre à diriger plus tard une portion du troupeau de Jésus-Christ.

Saint Euverte, louant le Seigneur qui lui avait donné un tel fils de bénédiction, conféra le sacrement de l'Ordre à Aignan dans l'église de Saint-Laurent, en 382. Aignan était alors âgé de vingt-quatre ans. Peu de temps après son élévation au Sacerdoce, il reçut une nouvelle preuve de l'affection et de l'estime de son évêque. Saint Euverte lui confia l'abbaye de cette même église de Saint-Laurent, située à l'Ouest et près des portes d'Orléans.

CHAPITRE VI.

Saint Aignan est élu évêque d'Orléans.

Les documents que nous avons pu consulter ne nous permettent d'entrer dans aucun détail sur le temps que saint Aignan passa dans son abbaye de Saint-Laurent. Nous pouvons dire seulement que son élévation à l'épiscopat, arrivée six ans environ après (388), élévation marquée par un prodige, montra qu'il s'était préparé dans la retraite à devenir l'âme d'une Église. Dieu, qui regarde les humbles, le retira du cloître pour le faire briller à la tête d'un des plus beaux siéges de la Gaule.

Les circonstances de l'élection de saint Aignan au siége d'Orléans nous révèlent des particularités très-intéressantes, et nous initient à des coutumes fort étrangères à nos mœurs actuelles. Nous allons rapporter, dans sa charmante simplicité, le récit de cette élection, tel qu'il se trouve dans une chronique de l'époque, conservée dans les archives de l'église Saint-Aignan, d'Orléans.

Il y avait trente années qu'Euverte gouvernait l'Église d'Orléans, et qu'il donnait à ses fidèles l'exemple de toutes les vertus dans les exercices de la prière, dans les œuvres de zèle et de charité. Averti par révélation que les jours de son pélerinage sur la terre touchaient à leur fin, il voulut en avertir ses frères en Jésus-Christ. Un matin, après l'office de la nuit, il réunit dans la sacristie tout son clergé avec quelques laïques de distinction, et leur fit part de l'avertissement du ciel. Puis il ajouta : « Je crains bien qu'après ma mort les dissen-
« sions qui ont précédé mon arrivée ne se
« renouvellent. Je vous donne donc ce conseil :
« choisissez dès maintenant mon successeur.
« Et pour la plus grande gloire de Dieu je
« crois que le plus digne d'être élu est mon
« frère Aignan, abbé de Saint-Laurent. »

Les vœux du saint pontife ne furent point écoutés. L'intrigue et la cabale opposèrent deux concurrents au prêtre proposé par le pieux évêque. Justement indigné, saint Euverte se hâte d'invoquer la lumière d'En-Haut ; et, conformément à la discipline ecclésiastique alors en usage dans beaucoup de provinces, il ordonne un jeûne de trois jours.

Le troisième jour, il fait une nouvelle convocation, et propose de s'en remettre, pour le choix de son successeur, à la décision du Ciel par la voie du sort. Ce conseil fut reçu avec joie. On écrivit donc sur trois bulletins le nom des trois candidats, et l'on déposa les bulletins dans un calice, sur l'autel.

Le lendemain, au temps convenu pour décider par le sort, un petit enfant, qui ne parlait pas encore, est amené auprès de l'autel. Le saint évêque lui fait signe de retirer un des bulletins déposés dans le calice. L'enfant comprend, avance la main; il touche et prend un des billets : c'était celui qui portait le nom d'Aignan. Mais, ô prodige! Tout-à-coup se vérifie cette parole du Psalmiste : « Vous avez proclamé vos louanges par la bouche des enfants qui sont encore à la mamelle. » (Ps. VII, 3.) « Aignan, Aignan est le seul digne! » s'écrie aussitôt l'enfant qui articulait des mots pour la première fois. L'assemblée, transportée d'admiration à la vue d'un tel prodige, répète à son tour : « Aignan, Aignan, Aignan est le pontife que Dieu nous donne! »

Ensuite, pour mieux s'assurer des volontés du Ciel, on consulte les livres sacrés, d'abord celui des Psaumes, et l'on tombe sur ce passage : « Bienheureux est celui que vous avez choisi et reçu : il habitera dans vos tabernacles. » (P. LXIV, 4.) Le livre des Épîtres de saint Paul étant ouvert, on rencontre ces paroles : « Personne ne peut poser un autre fondement que celui qui est déjà posé. » (I. ad Corinth. III, 11.) Dans le livre des Évangiles qu'on ouvrit ensuite, on trouva cette sentence conforme aux deux autres : « Sur cette pierre je bâtirai mon Eglise, et les portes de l'enfer ne prévaudront jamais contre elle. » (Matth. XVI, 18.)

Saint Euverte, assuré que Dieu s'était prononcé, commence l'hymne d'actions de grâces, que le peuple continue, et aussitôt l'abbé de Saint-Laurent est sacré évêque d'Orléans (388). Il était alors âgé de trente ans.

CHAPITRE VII.

Commencement de l'épiscopat de saint Aignan. — Guérison miraculeuse d'Agrippin. — Délivrance des prisonniers.

Euverte, assuré que l'Église d'Orléans serait gouvernée saintement après lui, se retira paisiblement en sa demeure pour ne plus s'occuper que des intérêts de son âme. Il mourut comme il l'avait prédit, le 7 du mois de septembre, un dimanche. Il avait vécu quatre-vingt-quinze ans, et avait été trente ans évêque d'Orléans.

A la fin du IVe siècle, époque à laquelle saint Aignan monta sur le siége épiscopal, la soif des jouissances matérielles avait corrompu la société romaine; la puissance du gouvernement civil était presque nulle, et l'autorité, sans cesse attaquée et renversée par l'ambition et l'intrigue, apparaissait comme une proie que chacun voulait se partager. Ajoutons à cela les souvenirs encore si vivants du paganisme, et les innovations toujours renaissantes de l'hérésie, et nous comprendrons facilement les difficultés nombreuses que devaient rencontrer les évêques dans l'administration de leurs diocèses. Ils n'avaient pas seulement à veiller aux intérêts spirituels de leurs troupeaux, mais il leur fallait aussi prendre la défense des intérêts temporels, dans l'absence presque complète de toute force gouvernementale, et dans la crainte continuelle des invasions des barbares.

Saint Aignan, l'élu du Seigneur, accomplit avec le plus grand succès la mission difficile qui lui avait été confiée.

Après avoir rendu aux restes mortels de son saint prédécesseur les honneurs les plus solennels des funérailles, il voulut tout d'abord mettre son épiscopat sous les heureux auspices de la charité chrétienne. Le jour même de la prise de possession de son siége, il conjura Agrippin, gouverneur militaire d'Orléans au nom de l'empereur Valentinien II, de rendre la liberté à tous les malheureux qui gémissaient alors dans les prisons de la ville.

Cette demande d'Aignan au gouverneur exprimait bien l'esprit de l'Eglise catholique, esprit de paix et de pardon comme celui de son divin fondateur qui délivrait du supplice la femme coupable et la renvoyait dans la liberté des enfants de Dieu. Tel est toujours le même esprit de l'Eglise qui seule, par la pureté de sa doctrine, élève et ennoblit le caractère de l'homme que des doctrines malsaines font tomber dans tous les écarts.

Mais Agrippin, qui ne comprenait pas les leçons d'indulgence données par l'Evangile, bien loin d'acquiescer à la proposition du pontife, la repoussa avec opiniâtreté. Le ciel se chargea de lui faire regretter son refus. Quelques jours après, Agrippin traversait la ville quand une pierre, se détachant d'un mur en construction, vint le blesser grièvement à la tête. On le transporta chez lui demi-mort. Instruit de ce malheur, Aignan accourt aussitôt auprès du blessé, et animé d'une foi vive, il trace sur la plaie le signe de la croix. A l'instant le sang cesse de couler, la plaie se referme, et le mourant est rendu à la vie et à la santé.

Le saint évêque, se hâtant de mettre à profit un miracle si manifeste : « Soyez miséricordieux, dit-il à Agrippin, comme Dieu vient de l'être envers vous. » Le Romain, reconnaissant la punition de son refus dans l'accident dont il avait été la victime, s'empresse de se rendre aux vœux du Pontife. A l'heure même, tous les prisonniers sont mis en liberté.

CHAPITRE VIII.

Saint Aignan achève la basilique de Sainte-Croix. — Il opère un miracle en faveur de Mellius.

Saint Aignan, en pontife qui aimait la beauté de la maison du Seigneur, donna ses premiers soins à embellir et à achever la basilique de Sainte-Croix, commencée par saint Euverte. Le saint évêque n'ignorait pas combien la beauté des temples est propre à provoquer dans le cœur de l'homme des sentiments religieux. Il savait aussi que les églises, où Jésus-Christ réside réellement et substantiellement dans le saint sacrement de l'Autel, doivent être, autant qu'il est possible, des monuments dignes de la majesté de Dieu.

Saint Aignan, disons-nous, se hâta d'achever l'œuvre de saint Euverte. Mellius, habile architecte, fut chargé de la direction des travaux. C'est alors que Dieu fit voir, dans une nouvelle occasion, combien le saint évêque était puissant auprès de lui.

Mellius faisant un jour une inspection des travaux, et étant monté pour cela sur un échafaudage très-élevé, perdit tout-à-coup l'équilibre et tomba sur le sol. On le releva grièvement blessé et mourant. Il allait succomber, quand le saint évêque, averti de l'accident, accourut auprès du mourant. Plein de confiance en Dieu, il fait le signe de la croix sur Mellius, qui est aussitôt guéri, et qui peut à l'instant même reprendre ses occupations.

Dieu se plaisait ainsi à proclamer par des miracles la sainteté de son serviteur; et il exauçait toujours d'une manière si merveilleuse les prières de ce grand saint, que ses contemporains l'avaient surnommé le Thaumaturge, c'est-à dire le *Faiseur de miracles*. La foi comprend, du reste, que dans les premiers siècles du Christianisme, Dieu dut accréditer la mission des prédicateurs de l'Évangile auprès des idolâtres par des prodiges propres à démontrer la divinité du fondateur de l'Église. Et aucune autre contrée peut-être ne fut autant que les Gaules l'heureux témoin de ces faveurs célestes. Les populations de cet illustre pays s'étaient pour ainsi dire habituées à voir les représentants de Jésus-Christ commander en maîtres à la nature. On ne parlait, dans ces siècles reculés, que des prodiges éclatants opérés par saint Martin de Tours, saint Germain d'Auxerre, saint Euverte, saint Aignan, et tant d'autres aussi illustres par leur science que par leurs vertus. Dans cette conduite de la Providence, il faut reconnaître que Dieu avait des desseins particuliers sur la France, et qu'avant de proclamer par ses Pontifes que cette noble nation était la fille aînée de l'Eglise catholique, et de lui donner dans ses rois les plus fermes défenseurs de la religion et de la civilisation, il voulait établir sa foi sur des fondements si inébranlables, que ni l'action des siècles, ni la violence des tempêtes révolutionnaires ne pussent jamais l'ébranler.

CHAPITRE IX.

Saint Aignan combat l'arianisme. — Il reçoit la visite de saint Germain d'Auxerre. — Résurrection d'un mort.

Le saint évêque d'Orléans ne se contentait pas de donner ses soins aux parties accessoires du ministère sacré, il veillait surtout à ce qui en forme la base. Il s'appliqua sans relâche avec les plus saints évêques de son temps, dit Flodoart de Reims au Xe siècle, à préserver la Gaule du poison de l'arianisme. Son exemple, ajoute Flodoart, ses prières, ses efforts, furent comme un rempart qui arrêta l'hérésie et qui maintint inébranlable la foi catholique. Et quand Hérigère, abbé de Lobbes (990), nous parle des sentinelles vigilantes placées sur la tour de David et combattant avec un courage indomptable la monstrueuse hérésie d'Arius, il nomme saint Aignan d'Orléans avec le pape saint Sylvestre, Athanase d'Alexandrie, Ambroise de Milan, Hilaire de Poitiers, Martin de Tours et Eusèbe de Verceil.

La haute réputation de sagesse et de sainteté d'Aignan attira auprès de lui saint Germain d'Auxerre. Voici, d'après l'abbé Cauvard, comment eut lieu cette mémorable entrevue :

« Saint Aignan, averti, par les cloches qui sonnèrent d'elles-mêmes et par une révélation particulière, de l'approche de saint Germain, se porta à sa rencontre avec le clergé et une foule immense de peuple. En s'abordant, les deux saints évêques s'embrassèrent à l'endroit où l'on bâtit plus tard, sous le vocable de saint Germain, une église qui devint celle des Dominicains, autrement dit Jacobins. Aignan rendit à son hôte illustre tous les honneurs qui lui étaient dus, et voulut, à son départ, l'accompagner jusqu'à la seconde pierre milliaire. Là les deux serviteurs de Dieu rencontrèrent une femme veuve qui portait en terre son fils unique, et qui se jeta à leurs pieds en demandant que son fils lui fût rendu. L'humilité éleva entre eux une sainte contestation. C'était à qui laisserait à son ami la gloire d'obtenir un miracle de la bonté divine. Enfin, cédant aux instances d'Aignan, saint Germain se mit en prière, et, aux acclamations de tout le peuple présent, il rappela le cadavre à la vie. »

Saint Germain opéra encore un autre miracle sur le même territoire d'Orléans. Arrivé dans un lieu appelé *les Basiliques,* où l'on construisait une église, il fit le signe de la croix sur un mur qui venait à l'instant de se fendre de toute sa hauteur, menaçant d'écraser les ouvriers, et aussitôt le mur qui s'ébranlait s'arrêta dans sa chute, et les ouvriers furent sauvés.

L'élection de saint Aignan, les faits que nous venons d'exposer dans ces précédents chapitres, résument tout ce que nous avons de suivi sur son glorieux ministère. L'histoire se réserve seulement de nous montrer ce grand homme, vers les dernières années de sa vie, arrêtant presque seul le redoutable chef des Huns (451).

CHAPITRE X.

Invasion des Huns. — Leurs ravages en Germanie, en Belgique, en Gaule. — Orléans est menacé.

Il y avait soixante-trois ans que saint Aignan était évêque d'Orléans (388 à 451), quand soudain se déchaîna sur la Gaule le redoutable fléau de l'invasion des Huns.

Les Huns, ayant à leur tête Attila qui, avec raison, se faisait appeler le fléau de Dieu (Godegisèle, Gothgeisel), s'avançaient comme un torrent dévastateur, comme un océan sorti de ses limites un jour de tempête. Ils ne dévastaient les provinces que pour le seul plaisir de détruire, ils égorgeaient sans pitié les populations inoffensives. C'était le droit brutal et bestial de la force dans sa plus forte acception, comme du reste il en a toujours été pour tous les barbares descendant des contrées de la Germanie, à quelque siècle que ce soit. Attila, qui se vantait que l'herbe ne repoussait jamais où son cheval avait posé le pied, ne justifiait que trop son terrible surnom en ravageant tout sur son passage, et en ne laissant rien debout derrière lui. Tous les peuples de l'Occident, plongés dans la plus grande consternation, fuyaient épouvantés. Il semblait que la civilisation, à peine naissante sous l'influence de l'Eglise, allait être engloutie, étouffée par la barbarie.

Après avoir ruiné la Germanie et la Belgique, les Huns avaient envahi les Gaules : Metz, Tongres, Trèves et Reims venaient de tomber sous leurs coups, inondées dans le sang de leurs habitants. La ville de Paris n'échappa à la dévastation que par un miracle dû à l'intervention de sainte Geneviève. La sainte se mit en prières, et Paris tout entier fut couvert d'un brouillard si épais au moment où les Huns passaient auprès de ses murs, que la terrible horde, trompée par l'apparence, jugea à propos de s'éloigner d'un lieu qu'elle prenait pour de dangereux marais.

Les Huns se dirigèrent vers Orléans pour traiter cette ville comme toutes les autres qu'ils avaient rencontrées sur leur passage. Mais Dieu, qui avait permis le déchaînement de cette tempête, avait dit, comme autrefois aux flots de l'Océan : « Tu n'iras pas plus loin, et tu briseras ici l'orgueil de tes flots. »

« Chose remarquable, dit M. l'abbé de Torquat, c'est de la Pannonie que le fléau s'élance sur la Gaule, et c'est de la même province qu'était sorti, par sa famille, un siècle auparavant, l'homme devant lequel il allait se dissiper. Cet homme fut saint Aignan. »

« Pour tous les historiens, croyants ou
« sceptiques, dit encore M. l'abbé de Torquat,
« il reste prouvé que l'évêque d'Orléans, dans
« sa sollicitude toute paternelle, entreprit,
« malgré son grand âge, d'aller jusqu'aux
« extrémités méridionales de la Gaule, cher-
« cher les forces militaires qu'il fallait opposer
« au dévastateur de la Germanie et de la
« Belgique. Il reste prouvé que ce pasteur
« zélé releva le courage des Orléanais par la
« prière et la confiance dans la divine Provi-
« dence ; qu'il se multiplia pour réunir des
« défenseurs, préparer la ville à une vigou-
« reuse résistance, empêcher la défection et
« le désespoir, négocier avec les ennemis ; en
« un mot, intéresser le ciel et la terre au salut
« d'Orléans ; enfin, il reste prouvé que le succès
« couronna ses efforts. »

CHAPITRE XI.

Saint Aignan va à Arles, et obtient un secours d'Aétius. — Translation des reliques de saint Baudèle. — Guérisons miraculeuses opérées par saint Aignan. — Son retour à Orléans.

Saint Aignan, instruit de l'invasion des Huns par une révélation divine, se rappelle ces paroles de la Sainte Ecriture : « Le bon pasteur donne sa vie pour ses brebis. » (S. Jean, X, 11.) On vit ce bon pasteur entreprendre, malgré ses quatre-vingt-douze ans, d'aller jusqu'aux extrémités de la Gaule chercher du secours pour sa ville menacée. Il vint à Arles (aujourd'hui sous-préfecture des Bouches-du-Rhône) à travers des chemins difficiles, accomplissant un voyage de cent trente lieues environ pour voir Aétius, qui gouvernait alors la Gaule au nom de l'empereur romain Valentinien III. Aétius était chrétien. Saint Aignan plaida devant lui la cause de la foi et de la civilisation attaquées par l'infidélité et la barbarie. Il lui représenta qu'en délivrant Orléans, dont la ruine entraînerait celle de la Gaule entière, il mettrait un terme à l'invasion et sauverait les peuples qu'il était chargé de protéger. Enfin, inspiré d'un esprit prophétique, disent certains auteurs, le saint déclara au gouverneur romain que s'il ne secourait pas Orléans avant le 14 juin, c'en était fait de la ville.

Aétius, que la présence du saint évêque avait rempli de joie, promit le secours demandé.

En quittant Arles, saint Aignan reprit la même route qu'il avait suivie. Il passa à Nîmes, où on lui céda le corps de saint Baudèle (Baudelius), pour qui les Orléanais avaient la plus tendre dévotion. Saint Baudèle avait été l'un des clercs de saint Euverte dans l'ordre du sous-diaconat; et sous le règne de Julien-l'Apostat il avait été honoré de la palme du martyre. Saint Aignan espérait, par la présence des restes sacrés du martyr vénéré, ranimer l'espérance des Orléanais.

Saint Aignan s'arrêta encore à Vienne, dans cette même ville où il était né, où il avait fait les premiers pas dans le chemin de la vertu, et où reposaient les restes de ses pieux parents.

Il fut reçu dans cette ville chez un chrétien de distinction, nommé Mamert, depuis longtemps atteint d'une maladie incurable, et qui en ce moment se trouvait à l'extrémité. Sur les instances de la vertueuse femme de Mamert, saint Aignan se met en prière, et aussitôt la maladie cesse, le mourant est rendu à la santé. Mamert, ainsi miraculeusement guéri, devint dans la suite évêque de Vienne par le choix du clergé et du peuple. Son épouse, à la suite du passage de saint Aignan, s'était retirée dans un monastère pour y terminer saintement sa vie.

Saint Aignan reçut aussi l'hospitalité dans le monastère d'Arnac (1). Là encore Dieu fit éclater la sainteté de son serviteur en même temps qu'il répandit un insigne bienfait sur les bons religieux. Il y avait trente ans que le supérieur de cette maison était privé de la vue. Il édifiait toute la communauté par la patience inaltérable avec laquelle il supportait sa triste infirmité. Saint Aignan fut pour lui l'ange envoyé du Ciel comme autrefois au vieux Tobie pour le guérir. Inspiré par le Saint-Esprit, le saint évêque prit de la salive et en oignit les yeux de l'aveugle, qui à l'instant recouvra l'usage de la vue.

---

(1) Dans le diocèse de Limoges-Périgueux. Ce monastère subsista jusque vers la fin du Xe siècle.

Enfin saint Aignan rentra dans sa ville d'Orléans. Son peuple, qui avait craint de ne plus le revoir, le reçut en triomphe, malgré le découragement dans lequel tous étaient plongés.

CHAPITRE XII.

Conduite de saint Aignan pendant le siége. — Une tempête sur le camp des barbares. — Nouvelle fureur d'Attila. — Les Orléanais découragés députent leur saint évêque à Attila.

Le saint évêque, afin de relever le courage des siens, dispose lui-même tous les préparatifs de la défense pour soutenir le choc des Huns en attendant le secours promis par Aétius. Il fait rassembler des vivres pour de longs mois, réparer et fortifier les murailles, puis se renferme dans la ville, résolu de défendre son troupeau jusqu'à la mort.

Mais en même temps il rappelle aux Orléanais, selon l'enseignement du Psalmiste, que c'est en vain que les meilleurs guerriers veillent à la défense de la cité, si Dieu lui-même ne la protége. (Ps. 126.) Il ordonne en conséquence des prières publiques auxquelles tout le peuple prend part; le corps de saint Baudèle, reçu avec des transports de joie, est porté en grande pompe autour des remparts. Un impie, présent à cette cérémonie, ose lancer ses railleries contre la religion ; à l'instant il tombe frappé de mort.

Saint Aignan avait à peine achevé ses préparatifs de défense qu'Attila, avec ses hordes sauvages altérées de sang, investissait étroitement la place et lui livrait de fréquents assauts. Les remparts s'ébranlaient sous les coups terribles des machines de guerre, et Aétius n'apparaissait point encore.

Les Orléanais opposaient à la fureur des barbares le courage et la prière. Leur saint et courageux évêque semble se multiplier. On le voit partout ; sur les murailles il encourage les défenseurs ; dans les maisons il porte la consolation et l'espoir ; dans les églises, au pied des autels, il est auprès de Dieu l'intercesseur de son peuple. Son exemple rend à tous la force et le courage, et les guerriers repoussent avec succès les assauts des sanguinaires assiégeants.

Mais les Huns, habitués jusqu'alors à voir les populations s'enfuir épouvantées et les villes de guerre tomber en leur pouvoir, sentent leur fureur s'accroître en proportion de la résistance qu'on leur oppose. Attila jure qu'il rasera la ville et qu'il en passera tous les habitants au fil de l'épée ; puis il se dispose à exécuter son serment en livrant un dernier assaut général.

Malgré les exhortations et les encouragements du saint pasteur, les Orléanais perdent courage à la vue des nouvelles dispositions d'Attila. Saint Aignan lève alors ses regards vers le ciel d'où vient tout secours (Ps. 120), il conjure le Dieu des armées d'avoir pitié de son peuple. A peine sa prière est-elle commencée qu'un orage épouvantable va porter le désordre dans le camp des barbares. De tous côtés les Huns sont chassés par les eaux, leurs tentes sont détruites et dispersées, et la foudre frappe un grand nombre de combattants. Cette tempête miraculeuse dure trois jours, et retient forcément les Huns dans l'inaction. Au lieu de voir dans ce bouleversement de la nature la main de Dieu qui les frappait, les barbares, accoutumés à se rire des éléments les plus terribles, n'en conçoivent que plus de rage contre les malheureux assiégés. Attila rétablit l'ordre dans son armée et revient à l'assaut. Les Orléanais, plus découragés que jamais malgré l'intervention si manifeste du ciel en leur faveur, viennent trouver leur évêque et le conjurent d'aller proposer à Attila de capituler, à condition qu'il laisserait aux habitants la vie et la liberté.

CHAPITRE XIII.

Saint Aignan au camp d'Attila. Il refuse des conditions humiliantes. — Reddition de la place. — Le secours de Dieu; Orléans est délivré.

Le bon pasteur, heureux de saisir une occasion où il pourrait peut-être donner sa vie pour ses brebis, se revêt de ses ornements pontificaux, sort de la ville, et s'avance seul au milieu des Huns étonnés. Il arrive à la tente d'Attila : « Si tu es le fléau de Dieu, dit-il courageusement au farouche guerrier, prends garde d'outre-passer les ordres du ciel en ne laissant partout que des ruines !.... Si tu désires les richesses de la ville, nous te les abandonnons....., mais laisse à mes enfants la vie et la liberté ! »

Le barbare, ému et ébranlé par le courage de l'évêque, lui répond : « Sache donc, vieillard, que j'ai juré de piller la ville et de la brûler, j'ai juré d'égorger tous ses habitants. Cependant j'accorde quelque chose à ta prière : que

— 58 —

les Orléanais se rendent, ils auront la vie sauve, mais tous seront mes esclaves. C'est tout ce qu'Attila peut faire. »

Le pontife d'une religion qui apportait la liberté au monde refuse de souscrire à des conditions si humiliantes. Il rentre dans la ville et exhorte les siens à se défendre courageusement, en les assurant que Dieu, qui les avait protégés jusque là, ne les laisserait pas tomber au pouvoir des Huns.

Les efforts du saint évêque pour ranimer son peuple sont inutiles. L'image d'une mort cruelle a tellement glacé de terreur les Orléanais et refroidi leur courage, qu'ils n'écoutent plus aucun avis généreux, et qu'ils arrêtent de se rendre aux conditions imposées par le vainqueur. C'était le 13 juin 451.

Le lendemain, 14, les portes de la ville sont ouvertes, l'armée ennemie envahit toutes les rues et commence le pillage. Tout semble perdu. Les habitants, plongés dans le plus profond désespoir, sont devenus les esclaves des Huns si redoutés.

Dans la ville cependant, contre toute espérance, un seul homme espère encore. C'est le vénérable pontife, c'est le protecteur de la cité, c'est celui qui priait pour ses frères. Tel le chef du peuple de Dieu, Moïse, parvenu avec toute l'armée des enfants d'Israël sur le bord de la mer Rouge : d'un côté et de l'autre c'est l'image d'une mort affreuse, ou la perspective d'une dure servitude. Les enfants d'Israël ne voient que la mort. Dieu semble avoir abandonné son peuple. Seul Moïse a conservé l'espérance vive, il promet à son peuple l'intervention du ciel ; et au moment le plus critique le secours de Dieu se manifeste, la mer Rouge s'entr'ouvre, livrant passage aux Hébreux, et devenant le tombeau des Egyptiens. Ainsi saint Aignan, nouveau Moïse, compte seul avec plus de confiance que jamais sur le secours du Ciel. Tout-à-coup on voit un nuage de poussière s'élever dans le lointain : « C'est le secours de Dieu ! » s'écrie le pontife.

C'était en effet Aétius qui arrivait enfin au secours d'Orléans. Il avait joint ses troupes à celles de Théodoric, roi des Visigoths. Il entre dans la ville par la porte opposée à celle par où avaient pénétré les Huns. Il tombe sur les barbares avec tant d'impétuosité, qu'en un instant il eût égorgé tous ceux qui se trouvaient dans la ville. Puis il attaque le camp d'Attila où les guerriers, surpris en désordre, n'opposent qu'une faible résistance. Il se fait un horrible carnage. Le sang coule à flots, et la Loire roule des monceaux de cadavres. Orléans était délivré (14 juin 451); et le fléau de Dieu, réunissant les débris de son armée, allait de nouveau se faire battre dans les plaines de Châlons-sur-Marne par Aétius.

CHAPITRE XIV.

Dernier miracle de saint Aignan. — Sa mort.

Le saint pontife, après la délivrance d'Orléans, imita dans sa reconnaissance le chef du peuple de Dieu. Réunissant tous les Orléanais dans les temples il chanta avec eux le magnifique cantique de Moïse : « *Dextera tua, Domine, magnificata est in fortitudine: dextera tua, Domine, percussit inimicum.* Votre droite, Seigneur, a fait éclater sa force; votre droite, Seigneur, a frappé l'ennemi, etc. » (Exode XV, 6.)

Mais hélas! Attila avait dit vrai; l'herbe ne repoussait pas où son cheval avait mis le pied. Le séjour d'armées si nombreuses dans les campagnes avait tout détruit, il n'y avait pour cette année aucune espérance de récolte. Les Orléanais, à peine délivrés du fléau de Dieu, étaient menacés des horreurs de la famine. Mais le saint pontife était encore là pour intercéder en faveur de son peuple. Jamais il ne pria avec tant de confiance. « Dieu de miséricorde, dit-il, vous venez de protéger vos enfants contre le glaive d'un ennemi farouche ; ne les avez-vous arrachés à la mort que pour les livrer aux tourments de la faim ? » Dieu écouta cette prière. Encore une fois le saint évêque fut le sauveur de son peuple. Contre toute espérance, on vit les campagnes dévastées se couvrir tout-à-coup de moissons jaunissantes.

C'est là le dernier miracle que l'on rapporte de saint Aignan pendant sa vie mortelle. Deux ans plus tard, après avoir administré son diocèse pendant soixante-cinq ans, il alla recevoir dans le ciel la récompense de ses glorieux travaux et de ses vertus héroïques. Il mourut le 17 novembre 453, et c'est en ce jour que l'Eglise a toujours célébré sa fête. — Il était âgé de quatre-vingt-quinze ans.

L'église de Saint-Laurent, qui avait eu les prémisses de son ministère, fut choisie pour le lieu de sa sépulture.

Le 14 juin on solennise la fête de la translation des reliques de saint Aignan, faite en ce jour de l'an 1029, sous le règne de Robert-le-Pieux.

AVIS AUX PÈLERINS

L'Eglise de Saint-Aignan est ouverte tous les jours de l'année.

La sainte Messe est célébrée tous les jours à 7 heures depuis le lundi de Pâques jusqu'au 30 septembre ; et à 8 heures depuis le 1ᵉʳ octobre jusqu'à Pâques.

Le 17 novembre, fête de saint Aignan ; à 10 heures, messe solennelle. Exposition des reliques. Le soir, à 6 heures, salut avec bénédiction du T.-S. Sacrement.

Le 14 juin, grand pèlerinage.
Fête de la Translation des reliques de saint Aignan. — Messe solennelle à 10 h.

Après la messe, procession dans le village jusqu'à la fontaine, avec les reliques et la statue du saint.

Exposition des reliques pendant la neuvaine.

CANTIQUE A SAINT AIGNAN

(Chanté à Orléans).

1

De saint Aignan célébrons la mémoire ;
Unissons tous et nos cœurs et nos vœux,
Et, jusqu'au trône où rayonne sa gloire,
Faisons monter nos chants mélodieux.

Refrain.
O tendre père !
Vois tes enfants ;
Exauce leur prière,
Glorieux saint Aignan !

2

Il avait dit : « Etranger sur la terre,
« Au fond des bois pour Dieu seul je vivrai ;
« Et quand viendra pour moi l'heure dernière,
« Devant Dieu seul, inconnu je mourrai. »

3

Mais quelle main bientôt rompit les charmes
Qui retenaient sa sainte âme au désert ?
Euverte alors demandait avec larmes
Un successeur... Aignan lui fut offert.

4

Orléanais, ouvrez-lui vos murailles,
De votre Eglise Aignan sera l'époux,
Et sa défense au grand jour des batailles.
De ce présent du Ciel soyez jaloux.

5

De saint Laurent le pieux monastère
A demandé de l'avoir pour pasteur ;
Allez, Aignan, des saints soyez le père,
Enflammez-les de l'amour du Seigneur.

6

Déjà courbé sous le poids des années,
Euverte un jour l'appelle : O mon cher fils,
Au ciel, dit-il, j'ai lu vos destinées ;
Et d'Orléans j'entrevois les périls.

7

La mort bientôt fermera ma paupière,
De ce troupeau soyez le conducteur ;
Obéissez, mon fils, à ma prière,
Et qu'Orléans en vous trouve un sauveur.

8

Euverte ! Aignan ! — O Dieu ! qui de ta grâce
N'admirerait envers nous la grandeur !
Un saint nous quitte, et, pour remplir sa place,
Un autre saint devient notre pasteur.

9

De Sainte-Croix déjà la basilique
A par Aignan vu ses murs réparés ;
Elle s'élève, et, sous sa voûte antique,
Les saints autels par lui sont décorés.

10

Qui nous dira son ardente prière,
Ses oraisons, ses larmes, ses soupirs,
Ses durs travaux, sa pénitence austère,
Et son horreur pour tous les vains plaisirs ?

11

Qui nous dira les immenses largesses
Que dans le sein du pauvre il répandait ?
Qui nous dira ses touchantes tendresses
Pour le bercail qu'au Seigneur il gardait ?

12

Arles le vit, au jour de nos alarmes,
D'Aétius implorant la valeur,
Du fier Romain attendri par les larmes,
Nous obtenir un secours protecteur.

13

Quand Attila menaçait nos murailles,
Et d'Orléans voulait faire un tombeau,
Aignan priait, et le Dieu des batailles
Du saint pasteur défendait le troupeau.

14

Contre l'Anglais Jeanne d'Arc a des armes ;
Elle vaincra, mais c'est en combattant.
Contre les Huns, Aignan n'eut que ses larmes,
Et sans frapper il vainquit en priant.

15

Quand du Seigneur la trop juste colère,
Pour nous punir, déchaîne ses fléaux,
Nous t'invoquons, et toujours ta prière
De tes enfants sait adoucir les maux.

16

Du haut des Cieux où notre œil te contemple,
Reçois nos vœux et l'amour de nos cœurs ;
Bénis ton peuple assemblé dans ce temple,
Et du Seigneur obtiens-lui les faveurs.

PRIÈRE

POUR UNE NEUVAINE A SAINT AIGNAN.

Glorieux saint, qui triomphez dans le séjour de la félicité préparée à tous les serviteurs fidèles qui, à votre exemple, combattent pour la gloire de Dieu, je vous conjure de vous ressouvenir de notre misère et de notre fragilité. Que votre immense charité, écoutant nos prières, daigne solliciter pour nous auprès du Trône des miséricordes les biens dont nous avons besoin, tant pour la santé de l'âme que pour celle du corps, et particulièrement pour.... *(Désigner ici le but spécial de la neuvaine.)*

Nous savons que vos vertus vous ont rendu tout-puissant auprès de la Clémence divine. Une expérience aussi longue que merveilleuse nous apprend chaque jour que Dieu ne sait rien refuser aux instances de votre amour pour vos frères qui sont éprouvés et qui crient vers vous.

Oh! combien de fois ce Dieu de bonté ne s'est-il pas servi de vous pour guérir des maladies dangereuses et incurables, devant lesquelles toutes les ressources de la science des hommes étaient restées impuissantes ! si bien que vous avez habitué les pauvres infirmes et les affligés de tous genres à se réfugier auprès de vous, parce qu'ils voient en vous un père, un protecteur et un ami ! Hélas ! l'infirme et l'affligé trouvent si peu de compassion et de soulagement parmi les hommes, que, du fond de leur affliction, leur cœur ne peut que s'élever vers le Ciel, où ils savent qu'il y a quelqu'un qui les aime et les protége ; et c'est pourquoi ces infortunés se pressent en foule autour de vos autels.

Mais combien leur joie éclate, combien leur reconnaissance est profonde, lorsqu'ils voient leur confiance en vous récompensée ou plutôt couronnée ! Ah ! leur vie ne sera point assez longue pour vous témoigner leur amour !

Permettez-moi donc, grand saint et généreux protecteur, de me mêler, moi aussi, parmi ceux qui viennent vous implorer ! Laissez-moi espérer que ma prière, malgré mon indignité, arrivera jusqu'à votre cœur ! Oh ! dites-moi donc que ma confiance en vous ne sera point trompée! que vous m'obtiendrez, puisque vous le pouvez si facilement, la grâce que je sollicite ; que je verrai... cette infirmité... disparaître. Alors je pourrai me servir de ces membres ainsi que de mon cœur pour publier à jamais les bontés de notre Dieu et l'amour du meilleur des pères... si pourtant c'est la volonté du Ciel. — Ainsi soit-il.

Saint Aignan, priez pour nous !

Charleville, Typ. et Lith. A. Pouillard. — 9867

www.ingramcontent.com/pod-product-compliance
Lightning Source LLC
LaVergne TN
LVHW051513090426
835512LV00010B/2518